地理山河 1

陸人龍 著

編者的話

　　這套「認識中國」叢書是為小學生和中學生而寫的輔助讀物。中國是世界最大和最重要的國家之一，亦是唯一擁有五千年輝煌文明的古國，因此，中國人都應該知道和了解自己國家的疆土地理、歷史人文，以至今日的發展概況；而任何人若關心世界和人類的前途，亦都必須認識中國。作為小學和中學生的讀物，我們希望這套叢書在國民教育、通識教育和道德教育等方面，都能有所助益。

　　這叢書不屬現時學校課程的教科書，其撰寫沒有依從一般學校分科的課程結構，亦試圖打破一般教科書和學術性著述講求主題分明、綱目嚴謹、資料完整的寫作習慣。

　　叢書從介紹中國的地理山河開始，以歷史的演變為主軸，打通古今，以文化的累積為內容，將各種課題及其相關資料自由組合，以「談天說地」的方式講故事，尤重「概念性」的介紹和論述，希望能使學生對各課題的重要性和意義產生感覺，並主動地追求更多的相關資訊和知識。每冊書的「導讀」和其中每一課開首的引子，都是這種編寫方式的嘗試。

　　本叢書還盡可能將兒童和青少年可觸及的生活體驗引進各課題的討論中，又盡可能用啟發式的問答以達到更佳的教與學

效果，冀能將知識性和趣味性兩者結合起來。

　　已故錢穆先生於 1939 年中國對日抗戰期間，撰寫《國史大綱》，稱國人應抱著「溫情與敬意」的態度去讀國史，本叢書的編撰亦秉承這一態度，並期望學校的老師們會將這種精神傳播宏揚。

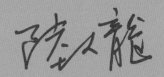

目錄

導讀

這套「認識中國」叢書以介紹中國的疆土地理開始，因為一個國家的存在即在於其擁有自己的領土。要認識一個國家，我們還要了解其人民和歷史文化；而每個國家的疆土和人民都是在歷史中形成的，並在文化的發展和薰陶中產生其特有的風格和風貌。要掌握了這些，才能好好了解這個國家的政治、社會和經濟等狀況和特色。

但我們也先要解答一個根本問題，那就是何謂「國家」？在遠古人類社會和文明發展的初階，國家就出現了，一直到今天，世界仍有大、小國家約 200 個，每個人亦都從屬於某一個國家，成為該國的國民或居民。歷史上也出現過一些超越國家的觀念，例如世界主義、地球村、世界公民等等，但從來沒有改變國家的重要性。因此，本叢書第一冊的第一部分，先簡單介紹中國，同時解答何謂國家及其相關問題，好讓大家有一個基本的認知。

這冊子的第二個部分，是以紙上旅行的方式漫遊中國大地，介紹各區域的地理環境和山河風貌，同時略述不同地域的人文歷史淵源和特點，以助大家開拓更多的探索思維。由於中國幅員廣闊，這一冊先介紹青藏高原和北方各地，下一冊是續篇，將繼續講述中國的南方。

中國簡介

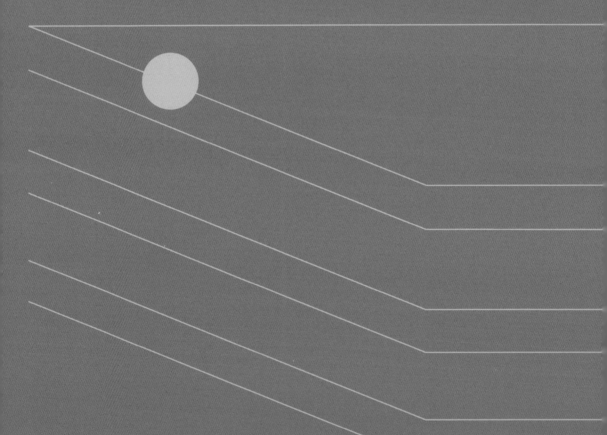

國家是甚麼？

1 你知道「國家」是甚麼嗎？

我們都知道地球的面積很大，有很多「國家」，每個國家的誕生都有不同的故事，其歷史和內部的情況也不一樣，不容易有統一的說法。相同的地方是，每個國家都有疆土（領土）、人民和政府。

中國是世界的大國之一，有最悠久的歷史和 5,000 年延續不斷的文明。

2 全世界有多少個國家呢？

全世界約有 200 個國家，有一些沒有被廣泛「承認」。世界有一個跨國家的組織叫聯合國，成員國現在有 193 個；這些國家大、小不一，情況差別很大。中國是聯合國的創始國之一，也是最重要的 5 個會員國之一。

● 聯合國標誌

8

3 不同的國家可以怎樣分辨呢？

每一個國家都有自己的名稱（國號），如中華人民共和國，簡稱中國。每個國家亦都有國旗和國歌，一般也會有國徽。

中國的國旗是五星紅旗，創作於 1949 年；國歌是《義勇軍進行曲》，創作於 1935 年，在 1949 年成為國歌。

4 國家還有其他的「象徵」嗎？

有些國家還會有國花、國獸、國鳥、國服等，這些代表性象徵有些由政府確立，也有些只是約定俗成。

中國的國花有好幾種，梅、牡丹、菊、杜鵑、蘭都是，這是因為中國地方大，自然環境豐富，歷史也很長，所以有不同說法，也沒有固定下來。

國旗

牡丹

國徽

蘭花

丹頂鶴

梅花

● 龍鳳

　　中國的國獸是「龍」，那是一種虛構出來的動物，有超過 5,000
年的歷史，一直都是中國和中華民族最重要的象徵。

　　中國的國鳥和國花一樣，沒有固定的說法，近年有主張以珍貴的
丹頂鶴為國鳥，不過中國本來已有虛構的「鳳凰」，出現於 3,000 多
年前的商朝時代，一開始即和龍相配起來，因此龍鳳是並稱的。也可
以說，世界上有中國人或華人的地方，就有龍和鳳。

5 香港的區旗和紫荊花代表甚麼意義？

　　很多城市都有自己的代表性徽號和市花，香港的市花一直以來都
是紫荊花，區旗則是在 1997 年香港回歸祖國時設置的。

● 香港區旗

● 香港區徽

● 香港市花紫荊花

6 國家和民族有甚麼不同？

在原始時代人群聚居，便會形成族群，產生自己的語言、生活方式、信仰、習俗等，族群內部有密切的血緣關係。

一個族群不斷擴大，會和其他族群有交集，包括各種交流和戰爭，族群在擴張、交集和戰爭中，會有集體、家族和個人的遷徙，也會出現分裂和合併；單一或合併的族群又會發展成為更大型的「民族」，其中的血緣、文化和歷史關係都可以很複雜。

族群和民族都是國家形成的基礎。因為歷史的演變，一個國家可以包含很多民族，同一個民族也可以散佈在不同的國家。其實大部分國家的民族成份都不是單一的，總體而言，這個世界的民族比國家多很多。

中國有 56 個民族，其中漢族佔了人口 91% 以上，56 個民族則合稱中華民族。

● 中國主要少數民族分佈圖

11

中國在哪裡？

1 中國的疆土有多大？在世界甚麼地方？

中國是世界最大的國家之一，有陸上疆土 960 萬平方公里，約佔世界土地 6.5%，其地理位置在北半球的亞洲東部和太平洋西岸。

2 中國除了陸疆之外，也擁有海洋嗎？

每一個有海岸線的國家都會擁有相鄰的海洋，成為該國的「領海」或「海疆」，中國也不例外；領海的範圍大小則須依從國際法的規定。

在中國大陸的南方有一大片海域叫南海，在地理上名「南中國

● 中國南海群島圖

● 東亞地圖

海」（South China Sea），但這海域大部分都是公海；不過，中國在這片海域擁有很多島嶼和島礁，分別位於四個區域，稱東沙、西沙、中沙和南沙群島。

3　中國在疆土面積上和其他國家怎麼比較？

以面積計，中國是世界第三大國，遠不及俄羅斯（約 1.78 個中國大），而與排第二的加拿大和第四的美國相若。隨後的有巴西和澳大利亞，面積分別只有中國的 88% 及 80%；印度是人口大國，但其面積只有中國的 31%；以疆域計，這些都是世界大國。

若將中國和歐洲比較，可以發現歐洲的面積只較中國大 6%，但卻有 44 個國家。

4　中國有多少個鄰國？

中國的陸上及海上鄰國約 20 多個，是世界上有最多鄰國的兩個國家之一，另一個是俄羅斯。中國的東邊是日本、韓國和朝鮮；北邊是俄羅斯和蒙古；西邊有多個國家，最大的是印度；南邊也有很多國家，統稱為東南亞，稍遠的還有澳大利亞和紐西蘭。

5　中國的人口有多少？

中國的人口有 14.33 億（2020 年），居世界第一位，其中中國大陸佔 14.11 億，其他的是台灣、香港和澳門的人口。

世界第二人口大國是印度，有近 13.8 億人；再其次是美國，有 3.3 億人。中國人口佔世界總人口 18.59% 左右。

第三課
自然環境和資源

1 你知道甚麼是「自然環境」嗎？

一個地方的自然環境是指其地形、地貌、氣候和天然資源等方面的情況和條件，由該地方所處的位置以及土地、山嶺、森林、江河、海洋等因素決定。

2 中國的自然環境有甚麼特色？

中國疆域很大，東、南面是海洋，西、北面相接的都是陸地，因此兼有海洋和內陸國家的土壤和氣候特色，海洋地區一般多雨濕潤，內陸則乾旱和有較大的溫差。

中國的地域同時跨越南、北（緯度）很大的範圍，由熱帶、亞熱帶到溫帶。此外，中國的西南地區是一大片高原，其中的青藏高原和西側國土外的帕米爾高原，同是世界海拔最高的地帶，有「世界屋脊」之稱。

中國山多，從眾多山嶺中發源出無數的大小江、河和湖泊；中國也有廣闊的平原、草原、沙漠、森林，又有綿長的海岸線和很多大、

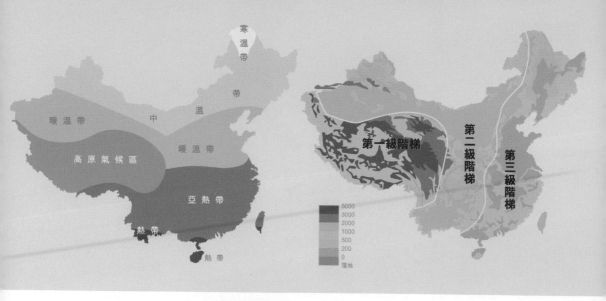

寒溫帶

中溫帶

暖溫帶

高原氣候區

暖溫帶

亞熱帶

熱帶

熱帶

5000
3000
2000
1000
500
200
窪地

第一級階梯

第二級階梯

第三級階梯

● 中國氣候圖　　　　　　　　　　　　　● 中國地勢圖

小島嶼。全世界沒有任何國家較中國有更複雜的自然環境、地形和地貌,也因為如此,中國的自然風景也最多樣,很多都非常美麗和罕見。

3 中國的天然資源豐富嗎?

中國有「地大物博」之稱,土地、水源、動物、植物、礦物、水產等資源都很豐富,但也不是完全自給自足;而且因為人口龐大,資源在「分配」後也就不算多了。例如我們佔世界人口超過 18%,但土地只佔 6.4%,其他如水資源等情況都是一樣,「人均」分配很多方面都是低於世界水平的,因此雖有豐富的資源,也必須節約和科學地使用。

第四課
省和市

1 你知道省、自治區、直轄市和特別行政區是甚麼嗎？

這些都是行政上的「地方區劃」，因為一個國家通常需要將國土分區管理。在中國，直接隸屬於中央政府的分區有 33 個，主要的是「省」，例如廣東省；一些地區若有人口眾多的個別少數民族，省改稱為「自治區」，例如西藏自治區；現在全國合共有 27 個省和自治區。省和自治區之下有其他層級的市、州、縣、區、鎮、鄉、村等。

有四個重要的大城市也是直轄於中央的，所以稱「直轄市」，它們是北京、上海、天津和重慶；另外還有香港和澳門兩個「特別行政區」，也直轄於中央。

現在不由中央政府管治的中國領土有台灣。

2 你知道還有各種跨省、市的「區域」概念嗎？

中國還有很多跨省、市的區域概念，有範圍籠統的地區稱號如「華南」、「華中」、「華北」、「江南」、「大西南」、「西北角」等；近年又有各式各樣的「經濟區域」概念如「沿海」、「西部」、「中部」、「東北」；又有如「長江經濟帶」、「大灣區」等等，數不勝數。

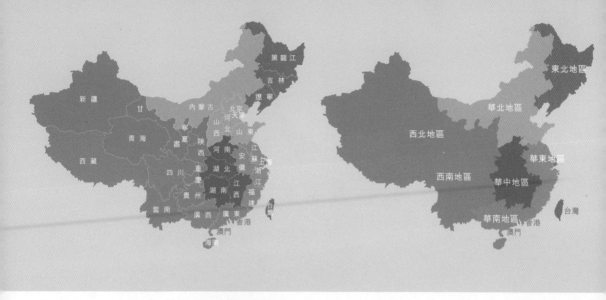

● 中國省份圖 ● 中國區域圖

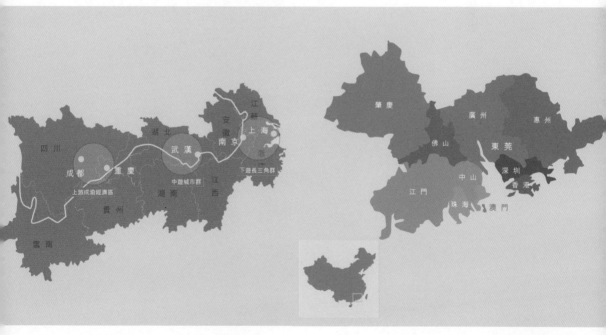

● 長江經濟帶 ● 粵港澳大灣區

政府是甚麼？

1 為甚麼國家一定有政府？政府究竟是甚麼？

國家是一群人聚居而產生的「組織」，一個族群要組織起來，是因為有很多共同事務和問題要處理，這也就是「政治」，所以孫中山先生曾說，政治就是「管理眾人的事」，因此每個國家都有政府。此外，聚居的群體也泛稱「社會」，在一個具體、較小的地區毗鄰而居的群體稱「社區」。

2 政府要處理的共同事務是甚麼呢？

這些事務最基本的有兩大類：第一是保護自己，不受他人侵犯，看中文的「國」字，就明白古代的國家要築起圍牆，牆內有「戈」，那就是要拿著武器以作防衛；第二是維持社會秩序、發展經濟和解決民生、天災等問題。

3 政府和人民的關係是怎樣的？

政府是由人民產生的，所以最後的「權力」是在人民手裡；政府要有「能」，為人民辦好事情。人民擁有權利，但也有責任和義務，擁有權利和義務的民眾叫做「國民」或「公民」。

第六課
國家的主權

1 你知道甚麼是國家的「主權」嗎？

國家的「主權」是相對於其他國家的「獨立」和「自主」權利。大、小國家都是平等的，應該互相尊重，這是今日普世公認的。但不幸的是，今日不少國家之間，還是出現了很多以強凌弱、侵略或干涉他國內政的行為。

2 國家為甚麼這般重要？

保衛人民是國家的最重要功能之一，在群體遭到危難時，國家的角色就非常凸顯了，所以有「保家衛國」、「有國才有家」等說法。我們知道，有人民才有國家，但亦只有國家才可以保護人民。

3 歷史上國家之間最重要的紛爭是甚麼？

國家之間最普遍的紛爭是爭奪疆土和資源。現在大部分國家的疆土和疆界都已固定下來，但還有不少紛爭；中國和幾個鄰國如日本、印度和一些東南亞國家今日也有尚待解決的「邊界」或領土、領海歸屬等問題，中國主張大家用和平談判的方式解決。在歷史上中國一貫抱有「四海一家」、「世界大同」的理想，但有需要時也會用武力捍衛自己的主權、人民和利益。

第七課

中國的歷史

1 你知道中國的歷史有多長遠？

中國是文明古國，一般說法是有 5,000 年歷史和文明，從已可確定的第一個王朝夏朝算起，則約有 4,100 年；夏朝因沒有當代的文字證明，因此有認為只是「傳說」的歷史，之前的也是。但從考古可知，中華文明的源流可以追溯到七、八千年前，各地的文化遺址很多，雖無文字，而文物豐富，均可以作為「傳說」歷史的重要印證。

2 中國的歷史和世界其他地方的歷史如何比較？

在 4,000 年前和更早的年代，世界其他地方也出現了好幾個「古文明」，如埃及尼羅河、美索不達米亞（在今日伊拉克）、印度河、

● 四大文明古國發祥地

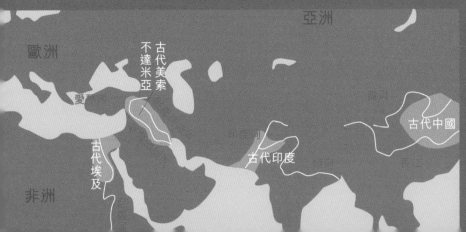

愛琴海等古文明，但這些文明和相關的國家很早就消失了，只有華夏文明不斷傳承發展，累積成為極豐富的中華文明。

3 「中國」的名字是甚麼時候出現的？

中國的名字早在西周初年就有了，約有 3,100 年歷史；「華夏」、「中華」這些名字在周朝亦已出現了。

4 中國的歷史有甚麼特別？

中華文明約在 2,250 至 4,100 年前即奠下了厚實的基礎，當時先後有夏、商、周（包含「春秋」和「戰國」兩個時期）三個王朝，稱為「先秦」時代，先秦之後就是秦朝。秦朝之後還有多個王朝，其中漢和唐最強盛，最後的是清朝。1911 年的辛亥革命推翻了清朝和「帝制」，中國自此進入了「共和國」時代。

在這 4,000 多年的歷史中，先秦的「華夏」民族不斷和旁邊的族群融合，也和四周的不同民族交集互動（包括戰爭）、融合融和，最後形成現在包括 56 個民族的中華民族。

● 中國歷代王朝

夏	秦	三國	隋	宋	共和國
商	漢	晉	唐	元	
周		南北朝	五代	明	
				清	

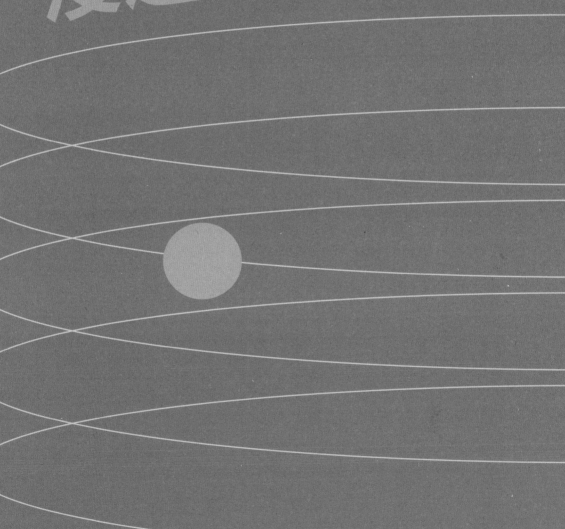

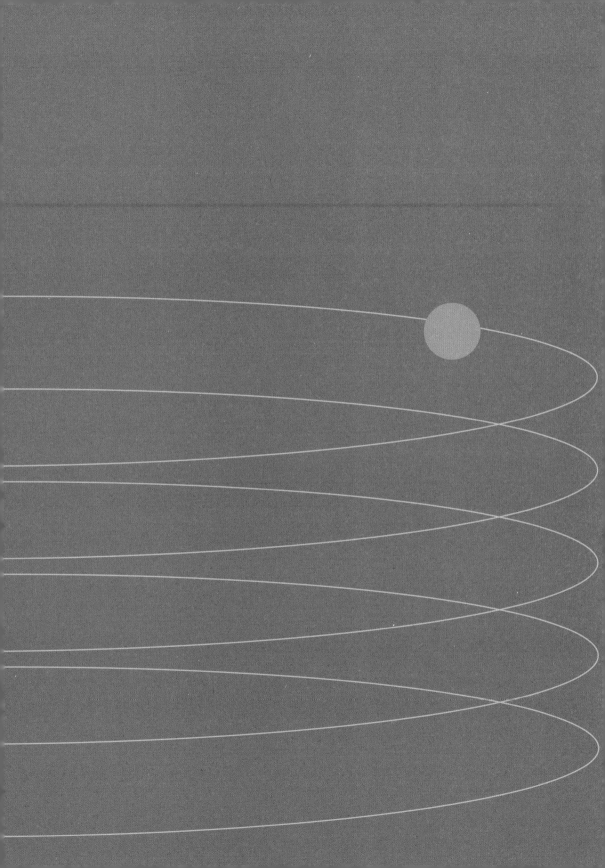

世界屋脊

1 青藏高原

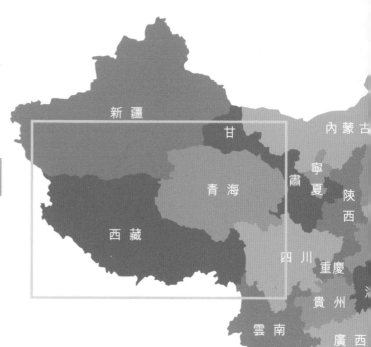

　　青藏高原位於中國西南部，其名稱源於「西藏」自治區和「青海」省，高原西側伸延至國境外的帕米爾高原，兩個高原同是地球上「海拔」最高的地方，也同有「世界屋脊」之稱。高原的西南邊有世界最著名的山脈喜馬拉雅山和世界最高峰珠穆朗瑪峰。

　　青藏高原不少地方常年積雪，是一個白色世界，也是中國和亞洲很多最重要的大江大河的發源地，包括我國最長的兩條河流長江和黃河，所以是地球最重要的地塊之一。

　　西藏和青海面積共 195 萬平方公里，佔中國陸疆 20%；西藏很大，有 120 萬平方公里，但只有 364 萬人口，主要聚居在南部雅魯藏布江一帶和首府拉薩。青海人口約 592 萬，集中於東北部青海湖一帶和首府西寧。高原是我國藏族人民的主要居地，青海北部的蒙古族也不少；西寧和拉薩等城市的民族成份則比較多元。我國藏族約有 600 餘萬人，

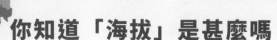

除青藏外，主要分佈於四川、甘肅和雲南等地。

你知道「海拔」是甚麼嗎

海拔是一個地方到「海平面」的距離，香港太平山的海拔是 554 米，青藏高原海拔在 3,500 至 4,800 米之間，平均約 4,500 米，其中不少高山達 6,000 至 8,000 多米，最高的珠穆朗瑪峰 8,849 米，那就是 16 個太平山的高度了。

為甚麼說青藏高原是一個白色世界

海拔每上升 1,000 米，溫度一般會下降攝氏 6°，因此青藏高原很多地方非常寒冷；藏北長年溫度都在零度以下，青海全省全年平均溫度為負攝氏 5° 以下，這些地方長年被冰

高原的白色世界：喜馬拉雅山脈（遠）和岡底斯山脈（近）

雪覆蓋，在高空看就是一個遼闊的白色世界。

藏南的雅魯藏布江流域是山谷地，稱藏南谷地，天氣最暖，拉薩夏天氣溫在攝氏 16° 以上，但日夜的溫差很大。

珠穆朗瑪峰的位置在甚麼地方 ?

位於西藏邊境的喜馬拉雅山脈源出帕米爾高原，綿延 2,300 公里，珠峰是主峰，位於山脈中部，一邊是中國，另一邊是尼泊爾；攀登珠峰是人類最有挑戰性的高山探險活動之一。

珠穆朗瑪峰

除喜馬拉雅山之外，青藏高原還有甚麼重要的山脈？

　　西藏的西北部有中國最重要的山脈之一的崑崙山，亦源出帕米爾高原，向東橫跨藏北，之後走入青海中北部。

　　「崑崙」是中國的別稱之一，文學上的「崑崙」就代表中國；在古代的神話中，有 3,000 年前周天子（穆王）在崑崙山會見「西王母」的故事。

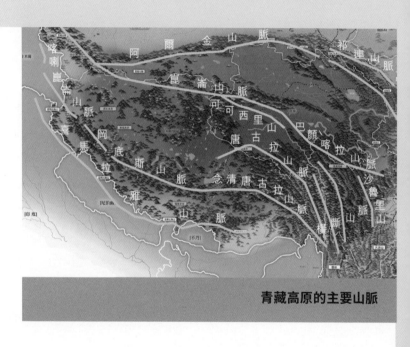

青藏高原的主要山脈

　　在青海，崑崙山的北邊有阿爾金山脈，往東伸延有祁連山脈；祁連山脈往東還有位於陝西省的秦嶺。由崑崙山到秦嶺由是形成一條綿長的高山帶，龐大高聳，高峰多在 5,000 至 6,000 米以上，最高峰達 7,000 米以上，眾山嶺有如中國地理上的一條「脊樑」，中國人稱之為「風水」上的「龍脈」。

崑崙山脈是中國神話中最重要的神山，其全長約 2,500 公里，寬 130 至 200 公里，平均海拔 5,500 至 6,000 米，最高峰崑崙女神峰高 7,167 米。

阿爾金山脈在維吾爾語為「金山」，全長約 720 公里，最寬處超過 100 公里，最高峰肅拉穆塔格峰高 6,295 米。

祁連山脈全長約 850 公里，寬約 200 至 400 公里，最高峰團結峰高 5,826.8 米。

除了這條「大龍脈」之外，青海崑崙山的南邊，有其支脈可可西里山和巴顏喀拉山，再南邊有唐古拉山，是青海和西藏的界山，這些山脈的水資源都極豐富。

位於西藏南部的岡底斯山脈水資源也很豐富，其走勢與喜馬拉雅山脈平行，兩者中間就是雅魯藏布江流經的藏南谷地。

祁連山

為甚麼青藏高原的水這麼重要

　　水是生命之源，人類的誕生和世界的文明都起源於河流。青藏高原寒冷多雪，在山峽中有無數「冰川」，冰雪融化為河流，向四方流去。

青藏高原的三江源及其他江河源頭

　　青海境內有 2,000 多座山峰，冰川總面積超過 5,000 平方公里，湖泊面積也超過 5,000 平方公里；因此被稱為「中華水塔」，亦稱「三江源」。

三江源的冰川及冰川湖

「三江源」是甚麼意思？有哪些重要河流是源出青藏高原的？

我國最重要的長江和黃河都源於青海的三江源。

長江（在青海名通天河）源於唐古拉山，黃河源於巴顏喀拉山。

長江

此外，瀾滄江和怒江也起源於唐古拉山，三江源的三江是指長江、黃河和瀾滄江。

瀾滄江和怒江最後流入東南亞，分別變了湄公河和薩爾溫江，都是該地最重要的河流。

瀾滄江

西藏南部的雅魯藏布江源出岡底斯山脈，大江在流入印度後改稱布拉馬普特拉河，連接著名的恆河。此外，流經巴基斯坦和印度的古文明搖籃之一的印度河，亦源出西藏高原西部，這條河在中國境內名獅泉河。

雅魯藏布江由西藏流入印度，改稱布拉馬普特拉河，連接恆河。在邊界處的地峽谷長504.6公里。

這些源於青藏高原的江河流經的地域，覆蓋了 25 至 30 億的亞洲人口，可見其重要性。

青藏高原的自然風貌除了山和雪之外，還有甚麼特色呢 ❓

青藏高原有很多美麗的冰川和湖泊，西藏的湖泊是全國最多的，有淡水，也有鹹水，世界海拔最高的淡、鹹水湖都在西藏。其中納木錯（錯即藏語的湖）位於西藏海拔 4,718 米處，是世界最高鹹水湖，其名是「天湖」之意；瑪旁雍錯位於西藏海拔 4,583 米處，是世界最高淡水湖，亦是藏民最重要的「聖湖」，其名是「不敗的碧湖」之意。

在青海的祁連山和崑崙山／巴顏喀拉山之間有一個低下去的大盆地，名柴達木盆地，其東邊的青海湖是我國最大的內陸湖和鹹水

世界最高淡水湖瑪旁雍錯

湖，面積達 4,500 多平方公里，平均深 21 米，海拔約 3,200 米，湖水呈非常漂亮的青藍色，周圍是一望無際的牧場，在唐代即很有名，經常在詩文中出現。青海湖又是候鳥的重要棲息地，湖中的鳥島在春、夏季節時棲息著 10 多萬隻候鳥。

中國最大的內陸湖──青海湖

青藏高原有沒有特別的動物 ?

　　青藏高原的著名動物有藏羚羊、雪豹和犛牛。

　　藏羚羊被稱為「高原精靈」，極為珍貴，是中國的特有物種，棲息於海拔 3,250 至 5,500 米處，為躲避狼、雪豹等食肉動物，其奔跑速度可達每小時 80 公里。2008 年北京奧運會吉祥物中的福娃「迎迎」，便是以藏羚羊為藍本，寓意運動員如藏羚羊般有挑戰極限的精神。

　　雪豹是高原猛獸，被稱為「雪山之王」。雪豹皮毛為灰白色，有黑色點斑和黑環，長而粗大的尾巴是其明顯特徵。

「高原精靈」藏羚羊是中國的特有物種

奧運吉祥物福娃迎迎

「雪山之王」雪豹

高原的野犛牛身披長毛，四肢強壯，威猛善戰，能推翻一輛越野車。藏族也將犛牛畜養，其能耐寒旱，是高原寒漠中最佳的運輸工具，故被稱為「高原之舟」。

「高原之舟」野犛牛

藏族是一個怎麼樣的民族

　　藏族起源於雅魯藏布江流域，有 4,000 多年歷史，在西元 7 世紀中國唐朝初年成為一個重要國家，國名吐蕃，國王松贊干布和唐朝皇室通婚，迎娶文成公主，是吐蕃的歷史大事，兩者當時成為盟國，文成公主將華夏農耕和工藝技術、醫學及各種文物引進吐蕃，影響深

松贊干布和文成公主

拉薩大昭寺初建於松贊干布時期

稱為「喇嘛」的藏傳佛教僧人

西藏拉薩布達拉宮

遠。松贊干布又接受了從印度和尼泊爾傳入的佛教，後來發展成「藏傳佛教」，是亞洲佛教的重要一支。到 13 世紀元朝時，西藏和青海正式納入為中國領土，其後清朝將吐蕃定名為西藏。

中國母親河

2 黃河和黃河流域

　　發源於青海巴顏喀拉山的黃河是中國第二大河，長 5,464 公里，流經 9 個省，分上、中、下游三段，由高原到大海，是中國北方最重要的河流，也是華夏文明的發祥地。

　　黃河的顏色帶黃，故稱黃河，水中多沙，是世界流沙量最多的河流，歷史上常生水患，有紀錄到 1946 年黃河決堤泛濫達 1,593 次，改道 26 次。

　　黃河是一條大河，兩邊有很多支流，黃河及其支流流經的地帶

黃河流域

都屬於黃河流域，面積達 75.2 萬平方公里，約是中國疆土
的 8%。

黃河上游的自然環境是怎麼樣的呢

　　黃河從青海高原往東流，在青海、四川和甘肅的交界處
繞了幾繞，之後往北走進另一個高原，名「黃土高原」，
面積有 50 萬平方公里，海拔在 1,250 至 2,000 米之間，較
青藏高原低得多。黃河在這裡以倒 U 形繞走了一大段，因
此黃河的上游是流經兩個高原地帶的。

　　黃河在青海穿越海拔 4,500 米以上的崇山峻嶺，到甘肅
時降至約 1,600 米，再到上游的末段急降至 300 米左右，
由此可見其上游水勢很急，在一些地方更是洶湧澎湃，大部

39

分都不可航行。

　　黃河在黃土高原流經 5 個省或自治區，它們是甘肅、寧夏、內蒙古、陝西和山西。山西有很多南北走向的山脈，山高在 1,000 至 3,000 米之間，省的東面有著名的恆山和太行山，太行山以東是華北大平原。

黃河的最上游有些甚麼特別景觀

　　黃河最上游的地貌非常豐富和美麗。

　　巴顏喀拉山有以百計的原始高山，黃河經由冰川融化的水慢慢聚合而成，有一個地方名星宿海，由無數個小湖泊組成，湖泊在陽光的照耀下，仿如夜中閃爍的星星。

　　黃河形成為河流之後，在甘肅穿過一個名劉家峽的地方，兩邊的山壁是紅砂石，呈現罕見的褐紅色，瑰麗而雄偉。

甘肅省蘭州劉家峽黃河景觀

黃河由甘肅進入寧夏的一段，是上游水勢最平緩的一段，兩邊還有很大片的平地，名為銀川平原；這裡西邊有一座高山名賀蘭山，主峰 3,556 米，長約 200 公里，擋住了來自西北方的寒風和沙暴，平原農牧繁茂，林木成行，有「塞上江南」之稱。

由銀川平原往北到內蒙古，黃河兩邊另有一大片平地叫河套，

寧夏黃河段，左右為銀川平原。

黃河流域圖

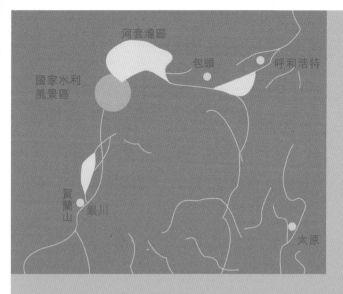

黃河河套

土壤肥沃，亦可利用黃河的水耕種，故古時稱「黃河百害，唯富一套」；但黃河的水到這裡已經因多沙而變成黃色了。

在黃河上游末段的陝西和山西之間，有晉陝大峽谷（晉是山西，陝是陝西），寬約 30 至 50 米，黃河至此，原本 500 餘米寬的河道，驟然被兩岸束縛收窄如壺口，大量黃色的河水於此傾瀉而下，其深約

壺口瀑布

晉陝交界處，黃河在此作 S 形大轉彎。

50 米，洶湧澎湃，聲勢浩大。*

　　晉陝峽谷的南端出口是禹門口，有鯉躍龍門的成語故事。「龍門」據說是建立夏朝的大禹鑿山治水時留下的遺跡，故稱禹門。民間傳說居住在河南孟津的鯉魚聽說龍門風光好，便出發游往龍門，但只見龍門山，不見水路，其中一條大紅鯉奮力一躍，首先越過龍門，竟化為一條巨龍，成語比喻其逆流而上，奮發向前而得到成功。

* 有以此段黃河為中游，不過河道由海拔 1000 米下降至 300 米，仍不
是航行河道，因此仍應視為上游的一部分。

黃土高原

黃河為甚麼有這麼多沙

　　黃土高原是中國著名的「黃土地」，這些黃土厚達 100 至 200 米，鬆散如細沙，滲透力很強，經水流沖刷之後大量沙土混入水中，河水也就變成黃色了。黃河的災害就是由沙而來，過去其中、下游都很容易泛濫成災，向有「三年兩決堤，百年一改道」之說。

黃河流經河南平原

黃河的中游流經甚麼地方

　　黃河流至山西的西南角，以 L 字呈 90° 往東拐，在山西和河南兩省中間開始以緩速東流，北面還是黃土高原的山西，南邊是以「沖積」平原為主的河南，兩邊地貌大不相同，這是黃河的中游一段。

　　河南的平原是中國華北大平原的一部分；華北大平原很大，在地圖上很易看到，覆蓋了河北、河南、安徽和江蘇等省大片土地，是農耕的好地方，但過去亦深受洪災之苦。

　　華北大平原的南部有另一大河名淮河，因此也稱黃淮大平原。

那麼黃河的下游呢 ?

　　黃河流至河南東部，斜轉往東北的方向，橫過華北大平原入山東，最後在渤海出海，這是黃河的下游。

　　華北大平原的北部是河北省平原，有北京和天津等大城市。這裡也有幾條河，都發源於山西太行山，東流入渤海，最主要的叫海河。

　　山東省是一個大半島，有海拔較低的眾多山丘和無數小平地，是農業發達的地區。山東省的形狀很特別，有人形容其像一頭鷹。

黃河及流經的省份

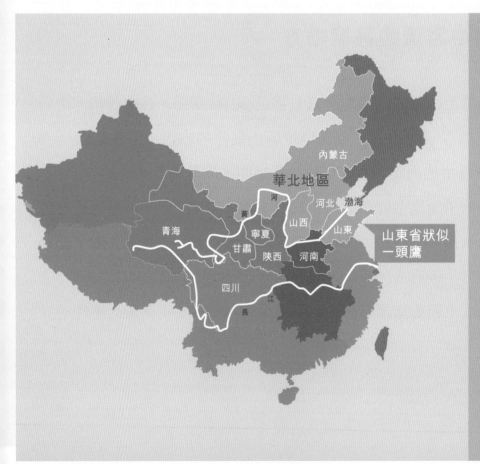

華北地區

內蒙古

河北　渤海

河　山西　山東

青海　寧夏

甘肅

陝西　河南

四川　長江

山東省狀似一頭鷹

46

黃河在中、下游的泛濫是如何形成的

　　黃河在中、下游的水流緩慢下來，沙石沉澱於河床，導致河床上升，在一些地方又會做成淤塞，遇到大雨大水時便引發洪水泛濫。歷代民眾不斷築堤防水，但決堤時禍害卻可以更嚴重。

　　黃河的河床越高，兩邊築起的堤也就越高，結果黃河比堤外的土地還要高，成為「懸河」，黃河中、下游很多地方都是這樣的情況。

　　黃河的出海口過去也曾不斷改變，出海時挾帶的沙泥還很多，將大海染成黃色，有清晰的黃、藍分界線。

黃河出海

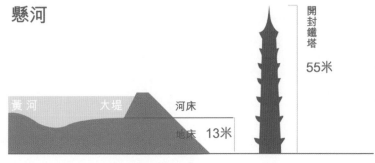

懸河

開封鐵塔
55米

黃河　　大堤　　河床
地床　　13米

懸河示意圖

禹河故道
前2278-前602

故道

東漢故道
11-1048

北宋故道
1048-1128

現代黃河

南宋‧元故道
1128-1368

明清故道
1368-1855

歷代黃河改道圖

黃河在歷史上曾經如何改道

　　黃河的大改道有兩個方向，一是北流入河北，曾經奪海河出海，二是南走奪淮河出海。淮河源出安徽，東流經江蘇出黃海；在 1128 年的宋代，黃河奪淮出海，是最大的一次改道，歷 728 年，然後在清代的 1855 年，擺回北面，再次由山東出渤海。

黃河水患這麼嚴重，為甚麼又是 中國的「母親河」呢

　　中國的華夏文明在夏、商兩朝及以前，起源於河南和山西間的黃河兩岸，這裡有位於河南境內的伊河和洛河，在山西有汾河，在歷史

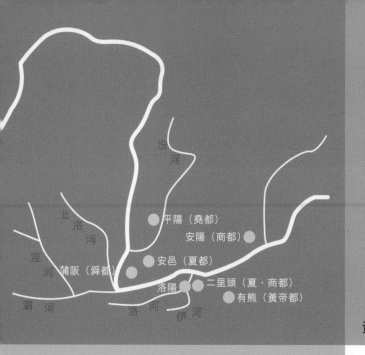

黃河流域的古都位置圖

上常合稱為「伊洛」、「河汾」等，都是華夏文明的發祥地。

　　中國夏、商兩朝及以前的都城，都在河南和山西，最重要的有傳說的黃帝故都新鄭（有熊）和商朝故都安陽。河南的洛陽在周、漢、唐等朝代也是重要都城；因此，河南在古代被稱為「中原」。

華夏文明還有其他重要發祥地嗎

　　華夏文明在先秦從中原沿著黃河向東、西兩邊擴展。

　　東面是黃河下游，在今日的山東和河北等地，周朝時有齊、魯、燕等大國；山東曲阜是孔子的誕生地，也是先秦時代儒家學說

山東曲阜孔廟

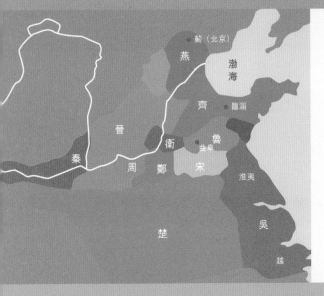
華夏文明其他發源地

的中心；河北地區的北京是當時燕國首都薊的所在地。北京後來成
為元、明、清三朝和民國初年的首都，超過 600 年；也是今日我國
的首都。

　　明、清的故宮舉世知名，有 600 年歷史，是世界最大的宮殿建
築群。北京的歷史文物和建築非常豐富，其北面不遠有萬里長城的
著名觀光點八達嶺。

北京故宮

　　在北京東面的渤海之濱，有另一個大城市天津，在古時是北京防守的東門戶，在近代成為重要的工商業大城市和港口。

中原西邊的情況又如何呢

　　由河南中原西越黃河，是黃土高原的陝西省，陝南有一個平原盆地名關中，四面都是高山，有很多關口，故以「關中」為名；盆地平原的南面屏障是秦嶺（即西接祁連山至崑崙山的中國大龍脈一部分）。盆地中有黃河重要支流渭河，渭河平原土地肥沃，農業發達，為秦的崛起奠下基礎，因此關中也稱「八百里秦川」。關中除渭河外有涇河，兩者交匯，一清一渾，是成語「涇渭分明」的來源。

關中平原位置圖

　　關中是周、秦兩大王朝的起源地,周朝的首都鎬京、秦首都咸陽,以及漢、唐首都長安(今西安)都在這裡;唐代的長安是世界第一個人口過百萬的城市,有非常輝煌的歷史。長安今日稱西安,建於明代的城牆非常雄偉,有稱為中國現存最美麗的城牆。西安及其附近有很多秦、漢、唐等時代的古蹟,包括秦代的「兵馬俑」,共出土陶俑 8,000 件、戰車 100 餘乘、青銅兵器 4,000 餘件,其中的青銅車馬為世界最大青銅器。

涇河水清,渭河水濁,會注流入黃河時仍是清濁分明。

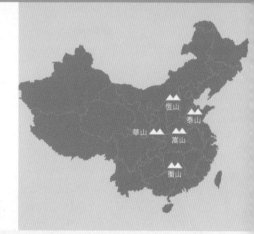

青銅戰車

西安城牆

五嶽位置圖

你聽過「五嶽」嗎？你知道它們是甚麼嗎？

　　五嶽是中國的五座大山，有四座在黃河流域。古人相信山中有神，高山又代表天，因而在黃河流域的四個重要山嶺進行各種祭祀活動，分別稱之為中嶽（河南嵩山）、東嶽（山東泰山）、西嶽（陝

泰山

西華山）和北嶽（山西恆山），再加上南方湖南省（當時屬楚國）
的衡山為南嶽，合稱五嶽，五嶽的位置及其周圍，也就大抵是先秦
時代「中國」的範圍了。

　　山東的東嶽泰山因氣勢磅礴，被譽為五嶽之首，古代帝皇於此
進行祭天地的「封禪」大典，孔子曾說「登泰山而小天下」，其
最高峰玉皇頂高 1,532.7 米，其實不算太高，但登山「石梯」有

嵩山少林寺   嵩山

1,700 級，登山之後景觀恢宏，可遠眺黃河。

　　對河南的中嶽嵩山，有古詩云：「嵩高維嶽，峻極於天」，最高
峰連天峰高 1,512 米，這裡有中嶽大廟和著名的少林寺。

　　陝西的西嶽華山以險著名，山體倚天拔地，四面如削，最高峰
落雁峰高 2,154.9 米，武俠小說有「華山論劍」的知名故事。

華山

3

塞外大漠

長城和蒙古高原

新疆

甘

青海

寧夏

肅

西藏

四川

重慶

雲南

貴州

廣西

海南

內蒙古

北京
天津

河北

山西

陝西

河南

湖北

湖南

廣東

香港
澳門

黑龍

吉林

遼寧

山東

江蘇

上海

浙江

江西

福建

安徽

台灣

　　黃土高原的北面又是另一個高原，名蒙古高原，其南部和東部
今日都屬內蒙古自治區，有 118 萬平方公里，佔中國陸疆 11.5%；在
1949 年之前，內蒙古的不同區域曾分屬綏遠、察哈爾等好幾個省。

　　內蒙之外有外蒙古，本來也是中國的領土，1924 年獨立建國。
外蒙的面積有 156.7 萬平方公里，內、外蒙古加起來共 275 萬平方
公里，比青藏高原還要大 39%。

　　蒙古高原海拔和黃土高原差不多，平均 1,580 米，其西北部是龐

大的阿爾泰山脈（屬蒙古國），伸延入新疆省以及俄羅斯等國家，高峰多在 3,000 米以上。內蒙古東部有大興安嶺，南北走向，分隔了蒙古高原和中國的東北地區。

內、外蒙古在中國歷史上原稱「塞外」或「塞北」，其意思是「要塞」之外，這個「塞」是指長城，號稱「萬里長城」，最早的城牆超過 2,500 年歷史，加上後世的加建、重建，是人類歷史上最巨大、最宏偉的建築物，分佈於 17 個省、自治區和直轄市，經測定全長 21,196 公里，明代修建的主長城平均高 7.8 米，頂部闊 5.8 米，底部 6.5 米，有無數的戍守城樓。

長城分隔了黃河流域和蒙古高原，兩地之間還有很多山嶺，長城大部分是沿山嶺建造的。黃河流域是中國的北方，長城之外也可以說是北方的北方。塞北地域遼闊，一望

無際，過去被稱為「大漠」，其南、北兩部分也分稱「漠南」和「漠北」。

蒙古高原是蒙古族的主要聚居地，我國的蒙族約有 600 萬人，除內蒙古外分散北方各地。蒙古國另有約 320 萬人口。

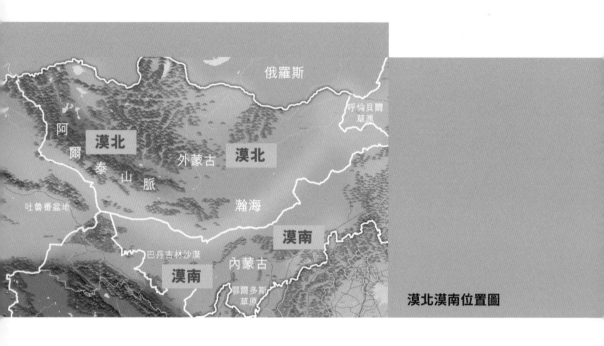

漢北漢南位置圖

為甚麼蒙古高原會分為內、外 ?

在過去所稱的漠南和漠北之間，有一條約 2,000 公里的「長廊」低地，東西走向，直入新疆，在歷史上稱為「瀚海」，其實並不是海，反而是非常乾旱的砂石型沙漠地帶，地理上稱為「戈壁」地貌。

瀚海是地理上的一條天然分界線；也是氣候的重要分界線，漠南和漠北因此在歷史上的發展有所不同，漠南貼近中國的黃河流域，在近代演變為內蒙古，漠北成為外蒙古。

戈壁沙漠

除瀚海戈壁外，蒙古高原有甚麼 ❓ 特別的地貌

　　蒙古有很多一望無際的大草原，高原的東北部（今分屬內蒙古和蒙古國）有著名的呼倫貝爾等大草原，湖泊、河流都很多；高原西邊（今屬蒙古國）的阿爾泰山亦有大片河谷草地，主要在色楞格河流域和科布多烏梁海；這些大草原都是很好的放牧地方，環境美麗，不過冬季嚴寒，氣溫長期攝氏負 20° 至 負 50°，萬里冰封。

　　在歷史上起源於呼倫貝爾及其鄰近地區的草原遊牧民族很多，最著名的有鮮卑、契丹和蒙古，起源於阿爾泰山的有突厥和回紇，在歷史上都赫赫有名。

內蒙古草原

瀚海之南（漠南、今內蒙古南部）也有草原嗎 **?**

　　貼近長城的漠南也有草原，但水源較少，有些只是沙地或沙草地，由東到西主要有錫林郭勒、烏蘭察布和鄂爾多斯等。著名的草原民族匈奴在秦、漢時崛起於鄂爾多斯等地。漠南冬季氣溫一般在攝氏負 20°，比漠北暖很多，故在歷史上居住於漠北的草原民族經常南遷。

巴丹吉林沙漠胡楊林

內蒙古還有甚麼其他地貌？

　　內蒙古西部還有大片的「流沙型」沙漠地帶，最大的是騰格里和巴丹吉林兩個沙漠；後者有水源的地方有美麗的胡楊林，被稱為最美麗的沙漠。

鄂爾多斯草原

為甚麼古人要建造長城

　　隨著古代人類社會的進化，居於黃河流域的華夏族群逐漸發展成為定居式的農耕文明，而在北方草原的族群仍保持著遊牧生活方式，物質條件較差，因此有時會發動南侵，劫奪農耕族群的糧食和其他物資。

　　戰國時位於黃河流域北邊的國家如秦、燕、趙等，開始築建長城以防禦不時入侵的匈奴，後來秦始皇統一了全中國，將這些長城連接加固，變成「萬里長城」。秦之後的漢朝又曾加建長城，主要還是為了防禦匈奴。

　　到了 1,000 多年後的明朝，因為北方的蒙古非常強大，故在 15 至 16 世紀大舉修建長城，也就是我們今天所見的、非常雄偉的長城，但明長城和秦、漢長城的位置並不盡相同。

秦長城東起遼東，西至甘肅臨洮。　　　　　　**明長城東起遼東虎山，西至甘肅嘉峪關。**

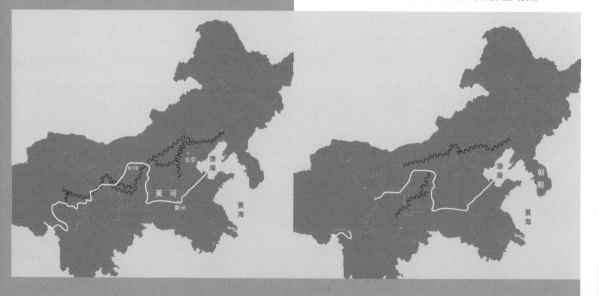

八達嶺長城地勢優越，自古是通往山西、內蒙及張家口的交通要道。

　　長城大抵是沿著黃河流域北邊的山嶺構建的，明長城的東部是河北省的燕山山脈，往西是山西和陝西北部的高山，然後穿越寧夏至甘肅。

　　北京西北的八達嶺長城是今日遊長城的主要景點，有「不到長城非好漢」的石碑。

長城另一景

雄偉的長城有哪些著名建築 ?

　　長城有無數的關口，東邊的起端有著名的「天下第一關」山海關；在北京之北又有另一個「天下第一關」的居庸關；在甘肅長城的西端又有「天下第一雄關」嘉峪關。

　　最宏偉的河北山海關位處燕山和渤海之間，始建於隋唐，是明長城最東端的關隘；主關城四周長約 4 公里，牆高 14 米，即約 4 層樓

燕山長城關口分佈

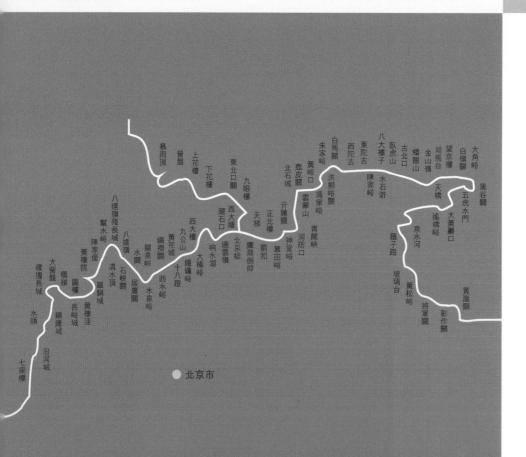

的高度，厚 7 米，另外還有 5 座城樓。

　　北京的居庸關始建於秦代，距北京市區約 50 公里，位處太行山脈東北端，是守護北京的最重要門戶，八達嶺長城在其北，稱為「居庸外鎮」。

　　甘肅的嘉峪關位於明長城西端，相傳建關時計算出要用 10 萬塊磚頭，結果用了 99,999 塊，最後一塊放在城樓上作為「定城磚」。

「天下第一關」山海關

嘉峪關全景

成吉思汗

元朝及蒙古族建立的四大汗國

蒙古族在歷史上有甚麼特別的角色？

　　古時塞外先後有匈奴、鮮卑、突厥、契丹等遊牧民族，800 多年前在呼倫貝爾崛起的蒙古族統合了整個高原的所有族群，之後便統稱為蒙古族，塞北也就被稱為「蒙古」了。13 至 14 世紀蒙古族在成吉思汗家族三代的領導下，曾在歐亞大地上建立了人類古代歷史最大的帝國，也在中國建立了元朝。

蒙古包

　　歷史上進入長城以南的遊牧民族基本都融入了漢族或漢化，在長城以北（漠南、今內蒙古）的亦大部分漢化，但同時保留了自己的民族特色，在內蒙古草原還可看到的蒙古包，是傳統民居，今日已成為旅遊的景點。

鄂爾多斯成吉思汗陵

4

西域新疆

天山南、北和古絲綢之路

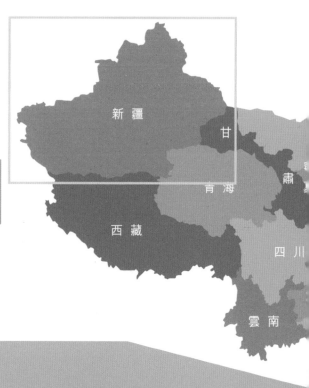

在蒙古高原之西（也是青藏高原之北），有一大片在古代稱為「西域」的土地，在漢、唐時已屬於中國，後來失去約千年，18 世紀清朝時又重新成為中國領土，因此起了一個名字叫「新疆」，今日是新疆維吾爾自治區，面積有 166 萬平方公里，佔中國陸疆 16.7% 或六分之一，是中國最大的「省」。

新疆面積廣闊，可分為南、北兩個部分，兩者之間有一條龐大的、橫跨西東的天山山脈，西邊伸延入中亞，全長 2,500 公里，在中國境內 1,760 公里，海拔 4,000 至 5,000 米，高峰 5,500 至 7,500 米。在歷史上這南、北兩部分分稱「天山南路」和「天山北路」，近世則習慣稱為南疆和北疆，南疆和北疆各是一個大盆地。

南疆有世界最大的塔里木盆地，東西 2,000 公里，南北 600 公里，中間是中國第一大、世界第二大的塔克拉瑪干沙漠，其東部還有其他沙漠和羅布泊等非常乾旱的地方，塔克拉瑪干沙漠和羅布泊都有「死亡之海」之稱。盆地的南邊是青藏高原的崑崙山脈和阿爾金山脈，高入雲霄，難以攀越。

北疆的大盆地名準噶爾盆地，主要是草原，部分是沙漠，東北邊是從蒙古伸延過來的阿爾泰山。

南疆及北疆
的劃分

新疆地勢圖

天山東端有一個小盆地名哈密，由此可通往蒙古高原；南疆的羅布泊東南面也有一通道名河西走廊，在今日的甘肅省，可通往陝西的關中盆地；在漢、唐時代，河西走廊和新疆的「西域」，曾發展成世界歷史上著名的「絲綢之路」，是中國當時與中亞、印度、西亞，以至歐洲羅馬等地的商業、文化和外交的交流通道。

新疆是我國維吾爾族的主要聚居地，維族約有 1,200 萬人口，絕大部分都在新疆，尤其是南疆。不過，新疆的民族成份很複雜，最少有 14 個來自不同地方的民族聚居。

西域最初是怎樣成為中國疆土的？

在 2,100 多年前，漢朝和蒙古高原的匈奴發生戰爭，戰場不斷西移，直至河西走廊和天山哈密一帶，最後漢朝的軍隊戰勝匈奴，這些

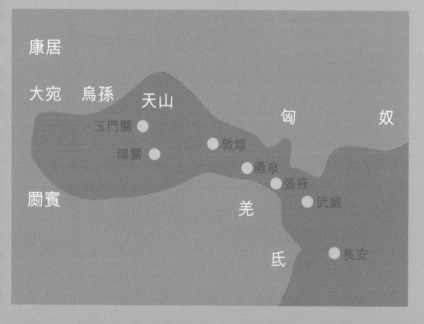

漢代西域圖

地區和天山南路都成了中國的疆土；到了唐代，天山北路亦納入為中國疆土。

河西走廊為甚麼有這樣的名稱？

甘肅的河西走廊位於黃河以西，故有河西走廊之名。這條通道很長，足有 1,200 公里，一邊是青海高原高不可攀的祁連山脈，另一邊是今內蒙古的一系列高山（2,000 至 3,000 米）和沙漠。

漢朝在取得河西走廊之後，設置了武威、張掖、酒泉和敦煌四個郡，酒泉旁邊有今日長城西端終點的嘉峪關。敦煌地區在漢、唐時設置了著名的陽關和玉門關，是當時中、外人士出、入西域的門戶，其名字在古代的詩詞中常會見到。

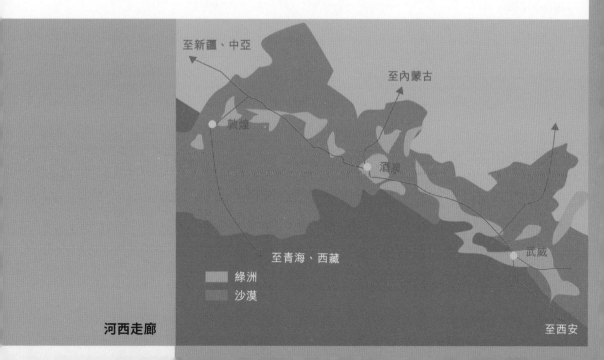

至新疆、中亞

至內蒙古

敦煌

酒泉

至青海、西藏

武威

■ 綠洲
■ 沙漠

河西走廊

至西安

河西走廊有好看的風景嗎

　　河西走廊主要是戈壁砂地，非常乾旱，但祁連山的腳下也有不少綠洲和草地，主要的自然風景有好幾個。

　　張掖有一個山被稱為「七彩丹霞」，約 322 平方公里；丹霞是一種地貌，多帶微紅色，而張掖的則呈現多種顏色，其分界清晰，如夾層蛋糕，色彩斑斕，看起來很有震撼性。北方的山樹木不多，不少是光禿禿的，但會因存著礦物而顯出各種美麗的顏色。

甘肅張掖七彩丹霞

龍城雅丹地貌

在敦煌西北有一種屬於戈壁類的雅丹地貌，岩石因風蝕而形成很多平行的溝漕形小山丘，大風颳過時會發出各種怪聲，所以也稱「魔鬼城」。除敦煌外，新疆的哈密也有同類的雅丹地貌。

敦煌的鳴沙山和月牙泉也是自然界的一大奇觀。鳴沙山由流沙堆積而成，山體不高，可以攀爬上去，風大時沙動則有聲，故稱鳴沙山，而山頂尖有明確的分界線，即使有大風將沙吹動，而其線條不變。山中隱處有一月牙泉，狀似新月，姿態優雅，而流沙永不會將泉水淹沒。

甘肅鳴沙山

月牙泉

絲綢之路究竟是甚麼 **?**

絲綢之路的起源是一條「商業」通道，在 3,000 至 4,000 年前已出現，到約 2,000 多年前，中國發明的絲綢通過這條商業之路賣到中亞、印度、西亞，以至更遙遠的歐洲羅馬帝國，而這些地方也就知道東方有一個文明先進的國家，能生產最漂亮的衣飾。1877 年，德國一個地理學者首先用「絲綢之路」(Silk Road) 來形容這條古代的

商業通道，之後此名流行起來。

早期的西域商業之路是如何發展起來的呢

　　河西走廊的祁連山山腳（山麓）有很多小河流，形成了一些綠洲草地，在西域南邊的崑崙山北麓同樣有很多綠洲，天山南麓（即塔里木盆地北部）更有一條大河名塔里木河（今長 2,376 公里，見頁 63），過去流入今南疆東部的一個名羅布泊的大湖，在古代有 5,000 至 6,000 平方公里大，這些都是有水源的宜居之地，很早就有人類居住了。

塔里木河

祈連山山腳的河流

羅布泊 80 年前還有 3,000 平方公里，不過後來全乾涸了，變了「死亡之海」和原子彈的試爆地。

西域的絲綢之路有甚麼重要的城市？

在南疆西邊末端，有一個已有 2,000 多年歷史的城市名喀什，也是現在位於中國最西的城市。南疆的兩條絲路走到西域末端，都匯集於喀什，在喀什以西的各地商旅、僧人等亦會先抵達這裡，再沿絲路入中國；因此這城市匯聚了多種民族和文化，在歷史上扮演了非常重要和獨特的角色。

喀什在元朝之後沉寂了 700 多年，今日又逐漸恢復為交通樞紐和商品集散地，稱「五口通八國，一路連歐亞」；區內的民族亦十分多樣，包括維吾爾族、漢族、塔吉克族、回族、吉爾吉斯族、烏茲別克族、哈薩克族等等。

喀什

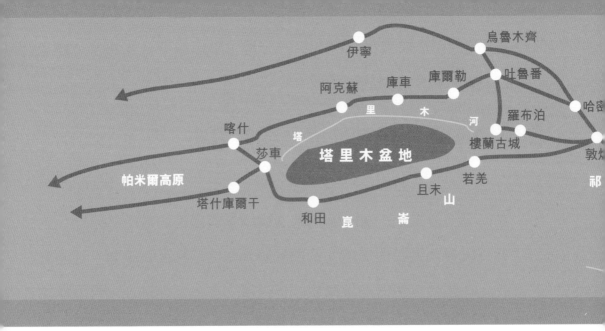

北疆也有絲綢之路嗎？

　　天山之北在古代也有一條絲綢之路，其起點在天山東端南邊的哈密和吐魯番，兩地氣候溫暖，水源充足，農牧皆宜。從中國西往的商旅由哈密先到吐魯番，在吐魯番往北穿越天山的峽道至山脈的北邊，抵達今日新疆首府的烏魯木齊地區，再由此西走到帕米爾高原和中亞。不過，天山北路較寒冷，不如南路的方便。後來南疆的絲路在明、清時沒落，這條北路則保留為一條通往中亞和俄羅斯的小型商業通道，主要的商品是茶葉，故又被稱為「茶葉之路」。

　　此外，北疆準噶爾盆地的草原，是很多遊牧民族來往蒙古高原和中亞之間的通道，故在歷史上又稱「草原之路」，有很多草原民族的遺蹟。

三條陸上絲綢之路

佛教由絲路傳入中國，有重要的遺蹟嗎

　　最重要的遺蹟是絲路沿途都有很多大型的佛教藝術石窟，主要位於塔里木河沿岸的一些城市和河西走廊，其中最著名的是敦煌石窟，裡面有 2,415 個大、小佛教雕塑，歷 800 多年雕刻而成，是佛教文化和藝術的寶庫。

敦煌莫高窟

77

西域新疆的絲路有特別的自然景觀嗎

　　西域絲路的主要自然景觀都在天山兩側，初來新疆的旅客一般會先到吐魯番看坎兒井、葡萄園和火焰山。

　　吐魯番位於新疆近東部的天山之南，在地理上是一個非常特別的地方，因為它是盆地中的盆地，地勢下沉至比海平面還要低，其中的艾丁湖負 155 米，是世界第二低地，這個湖泊今日已日漸乾涸。

　　吐魯番盆地氣溫很高，夏天常達攝氏 40° 至 50°，地表攝氏 70°。地方的民眾在過去千百年間，以智慧和努力開鑿出數以千計、總長 5,000 公里的「坎兒井」，使吐魯番盛產葡萄和其他瓜果。這裡的葡萄據稱是全世界最甜的，有一首民歌就叫《吐魯番的葡萄熟了》。

　　吐魯番盆地四面都是高約 1,000 米的山，其中北邊的稱火焰山，

吐魯番葡萄園

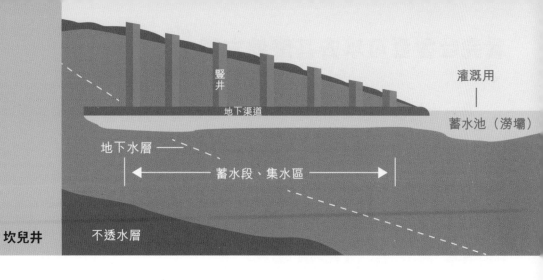

坎兒井

豎井

地下渠道

灌溉用

蓄水池（澇壩）

地下水層

蓄水段、集水區

不透水層

有 100 公里長，在太陽的暴曬中高溫常達攝氏 35° 至 50°，地表可達攝氏 80°，石壁呈紅色，故稱火焰山。中國著名小說《西遊記》說唐三藏（玄奘法師）西行取經，去到一個很熱的地方名火焰山，一般人就將兩者等同了。

火焰山

看完吐魯番可以去甚麼地方呢

　　由吐魯番翻過去天山北面的烏魯木齊地區，附近有非常美麗的高山湖泊天池，在中國神話中被稱為西王母的「瑤池」。此外，天山山脈由此往西，有數以百計的冰川。

絲路還有甚麼特別景點呢

　　若由吐魯番沿天山山脈南邊的塔里木河往西走，在輪台縣有一大片原始的胡楊林，有 1.35 億年歷史，具驚人的抗乾旱禦風沙能力，頑強地生長於沙漠之中，被稱為「沙漠英雄樹」。輪台的這片胡楊林（已劃為公園，有 100 平方公里），是全世界面積最大和年代最古老

天山天池

的，也非常漂亮，其景色和內蒙古巴丹吉林沙漠的胡楊林很相近。

在北疆天山的西部，高山上有一些美麗的湖泊，其中最著名的是賽里木湖和艾比湖。絲路的商旅過了這個地區，就會由一個以大風聞名的阿拉山口進入中亞。

在中國的天山山脈西端背後，還有一片地方名伊犁，這裡三面環山，西面是平地，面向中亞，有一條伊犁河由此向西流去，氣候溫

賽里木湖

和，水源充足，農牧業都很發達，盛產蘋果和「天馬」（即烏孫產的馬，四肢有力），被稱為「塞外江南」。

伊犁不屬漢、唐時代的絲路要道，但在清代是中國掌控邊疆的軍事重地，今日則成為重要的對外商業關口，新崛起了一個名霍爾果斯的商業城市。

上述這幾個地方的自然風景都極有可觀之處，但路途遙遠，沒有成為熱門的旅遊點。

有「塞外江南」之稱的伊犁

伊犁河

北疆的草原也有獨特的景色嗎 ？

　　北疆最北部的阿勒泰是天然的牧場，也是世界上最美麗的草原之一。

阿勒泰草原和五彩灘

相傳有湖怪的喀納斯湖

在阿勒泰的中俄邊界，有一個面積只有 45 平方公里的喀納斯湖，水深卻達 190 米，傳說其中有「湖怪」，而出產的紅魚可長達 8 至 10 米。

新疆為甚麼稱為「維吾爾自治區」呢？
維吾爾族的歷史是怎麼樣的？

維吾爾族在新疆是最大的少數民族，尤其在南疆 85% 以上的民眾都是維族。維族其實並非源於新疆，他們在唐代是居於蒙古阿爾泰山的突厥民族的一支，名回紇，唐末時改名回鶻（音果核的核），其中一支遷徙至此，和本地有高加索血統的族群通婚，信奉了伊斯蘭教，成為今日的維族。

新疆維吾爾族

　　伊斯蘭教在中國也稱回教，維族本來也稱回族，但因中國在甘肅、寧夏、青海、陝西等地也有很多回教信徒，其族源不同，所以新疆的維族人民便改稱維吾爾族，其他地方的仍稱回族。

喀什艾提尕爾清真寺初建於 1442 年，是新疆最大的清真寺。

在喀什周日牲畜市場的維吾爾農民

　　在新疆和甘肅、寧夏等地，因伊斯蘭教盛行，所以有很多清真寺。

　　新疆雖稱維吾爾自治區，但民族成份很複雜，南、北疆都有來自中亞的民族，北疆還有來自遠方俄羅斯和中國東北等地的少數民族，蒙古族和漢族也很多，這是因為元朝之後，南疆比較封閉，而北疆則仍保持為各地族群來往交流的地方。

5 白山黑水 東北大地

新疆　甘肅　青海　西藏　四川　雲南

　　中國的「東北」在地圖上是很突出的一大片，它的西邊是蒙古高原，兩者被大興安嶺分隔；大興安嶺南北走向，平均海拔 1,000 餘米，高峰 1,300 至 1,700 米，不算很高，但有 1,500 餘公里長，林木茂盛，是兩地的天然分界線。大興安嶺及其西麓本來也屬東北（過去習稱為「大東北」），現在劃歸內蒙古。

　　今日的「東北」是指在地圖上的遼寧、吉林和黑龍江三個省，總面積達 80.84 萬平方公里，比中、北歐的德國、波蘭、瑞士、丹麥和荷蘭 5 個國家加起來還要大一點，兩者的緯度也差不多。三省佔中國陸疆 8.4%，但還只是傳統大東北的 70%。1931 年日本曾侵佔整個大東北，那是 115 萬平方公里的土地，足有三個日本大，到 1945 年歸還中國。

　　東北別稱「白山黑水」，白山是指東北地圖上右下角的長白山，

黑水是指北部邊界的黑龍江，那是一條河，和其南岸的黑龍江省是同一個名稱。東北北半部的土壤也帶點黑色，稱為「黑土」，有別於黃土高原的黃土。黑土非常肥沃，極宜耕種；東北平地多，水源充足，農、林、礦、漁等資源都很豐富，被形容為富饒的大地。

白山黑水

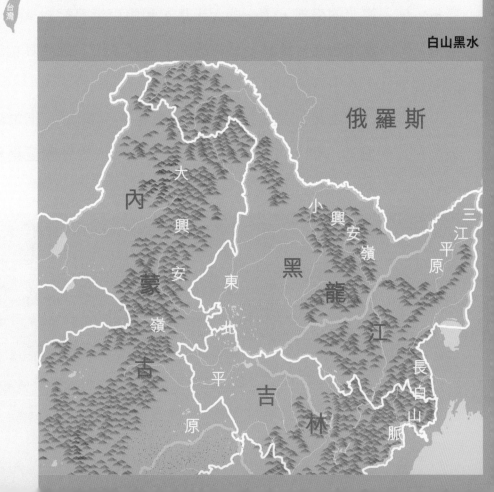

富饒的東北平原

在明、清及近代，東北也稱「關東」或「關外」，因其位於長城東端起點的山海關之東。由北京經山海關出關，首先到達今日的遼寧省，這是東北的南部，是一個大半島，和山東半島相對望，一邊是渤海，另一邊是黃海。遼寧地區在歷史上亦稱遼東，因為其位於遼河的東部地域，大半島亦因此名為遼東半島。

日本人在侵佔東北之前以至今天，都將「大東北」稱為滿洲，因為這是我國滿（洲）族的聚居和崛起之地，一些外國書籍和文章

遼東半島和山東半島位置圖

遼東半島

渤海

山東半島

黃海

88

亦沿用這個名字（英文 Manchuria），但滿洲從來不是正式的地名，還帶有濃厚的日本侵略歷史意味。

「黑水」的黑龍江是一條大江嗎

黑龍江是很大的一條江，源出蒙古高原，東流出日本海，全長 4,300 公里，只差黃河少許，水量比黃河還大得多。

黑龍江的北岸及最下游的兩邊共約 100 萬平方公里土地原屬中國，在 1858 至 1860 年被俄羅斯奪去，否則黑龍江便是中國的第三大河了。現在的黑龍江有一大段是中、俄兩國的界河。

俄羅斯

1858年《璦琿條約》：
外興安嶺以南、黑龍江以北 ——— 60萬多
平方公里

1860年《北京條約》：
烏蘇里江以東，包括庫頁島 ——— 約40萬
平方公里

中　國

1850 至 1860 年代東北失去 100 萬平方公里土地

黑龍江有甚麼特色

黑龍江的江水呈墨綠色，蜒走若一條游龍，故有其名。江中出產一種大魚名鰉魚，起源自 1.3 億年前的白堊（音惡）紀，有「水中活化石」之稱，其一般長度若人般高，最大的可以超過 5 米，重達 1

噸;其皮甚厚,可用於製造衣服和其他工具。

東北位於中國最北,這地方很寒冷嗎

　　黑龍江省確是位於全國最北,其最北端有一個地方名漠河,內有北極鄉和北極村,號稱「中國最北點」,夏天有些日子幾乎 24 小時都是白晝,冬天可以看到「北極光」,經常漫天風雪,有點北歐芬蘭聖誕老人故鄉的風貌。

　　不過,北極村其實距離北極還有點距離,漠河的緯度和俄羅斯的莫斯科、德國漢堡、蘇格蘭愛丁堡等歐洲城市相若,但漠河比它們都更寒冷和有更多冰雪。黑龍江省的大城市哈爾濱,有很多俄羅斯式建築,又以大型冰雕藝術著名,每年冬天都辦冰雪節,是旅遊的好去處。

中國最北點:漠河北極村

哈爾濱著名的冰雕

哈爾濱俄式建築

你知道中國的最東端在哪裡嗎

漢河是中國的最北端，黑龍江最東的黑瞎子島則是全國的最東端，這個島是中、俄界島，各佔一半。

中國最東端：黑瞎子島位置

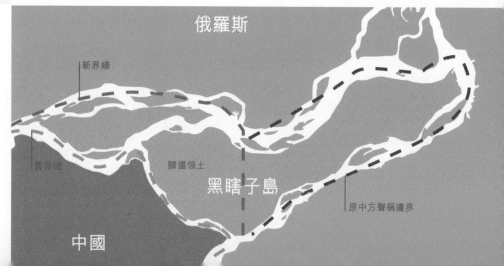

俄羅斯

新界綫

舊界綫

歸還領土

黑瞎子島

原中方聲稱邊界

中國

「白山」的長白山有甚麼特別？

　　長白山在東北的東南部，屬吉林省，是很多個較小型山脈的總稱，以白雲峰為祖峰，高 2,691 米，由此分出 6 條支脈向各方散出；其南部伸延入朝鮮，稱白頭山，是朝鮮族的「聖山」。

吉林長白山天池

　　長白山顧名思義是山上常積雪，在冬季是白茫茫的一片；它其實也是一大群火山，有無數的河谷、湖泊和小盆地。在中、朝邊界的山嶺有著名美景天池（和天山天池同名）；長白山樹木繁茂，冬季時水珠在樹上凝結，稱為「霧凇」，非常漂亮。

吉林霧淞

吉林特產——人蔘

　　吉林也是出產人蔘的地方，野生人蔘其形狀若人，是極珍貴的藥材，有「補藥之王」之稱，一株百年人蔘的售價以百萬計。

　　吉林是中國的滑雪勝地之一，擁有滑雪場 20 餘家，並有雪圈、雪地摩托、雪爬犁等多種雪上活動項目。

長白山也發源出河流嗎

　　長白山是東北很多重要河流的發源地，其中最有代表性的是松花江，源出天池，繞經吉林和黑龍江兩省很多地方，全長 1,927 公里，最後流入黑龍江。有一支抗戰名曲就以《松花江上》為名，代表當

時失去的大東北。

此外，牡丹江、圖們江和鴨綠江都出於長白山，牡丹江也是黑龍江的支流；圖們江東出日本海；鴨綠江是中、朝界河，因 20 世紀 50 年代的韓戰而舉世知名。

東北其他高山還有重要的自然風景嗎

在黑龍江省有一個小興安嶺，在大興安嶺之東，和長白山一樣也是火山區，林木同樣豐盛，同時還是重要的金礦區。這裡的火山口有著名的五大連池，都是由火山口變成的美麗湖泊。

五大連池

東北的火山屬於在過去一萬年內曾爆發的活火山，比日本的火山還要活躍。其實東北的山嶺和盆地均由火山活動造成，有火山口 690 多個。

現在屬於內蒙古的大興安嶺主要被森林覆蓋，是中國重要的森林生態區和林業基地。

能再解釋東北為甚麼被稱為富饒的大地

　　肥美的黑土分佈於東北的北半部廣大地域，在小興安嶺西邊和南邊的東北（松遼）大平原，有松花江和嫩江流過。這裡冬季嚴寒（攝氏負 18° 至負 30°），但夏季日照頗長，7 月氣溫在 20° 以上，極宜耕種，幾十年前因人口稀少，還是未開發的荒地，俗稱「北大荒」，後來開墾成功，變成今日一望無際的農場地，已被改稱為「北大倉」了。

　　在小興安嶺以東的黑龍江南岸，也有一塊平原地，有松花江、牡丹江和東邊的烏蘇里江（中、俄界河），同流入黑龍江，因此稱三江平原。這地區有大、小河流近 200 條，水產豐富，加上肥沃的黑土，亦由北大荒開發成重要的農產基地。

　　東北的礦藏非常豐富，有 140 種以上，黑龍江和遼寧都有大油田（大慶、遼河）；此外，黑龍江的黃金、石墨，遼寧的鐵都很重要。

北大倉

如上所述，東北的農、林、漁、礦等資源豐富，水源充足，確是大自然的富饒之地。

長白山有沒有重要的動物

長白山（和大興安嶺）的密林，有著名猛獸東北虎和巨熊，東北虎是虎中之王，被認為是體形最大的老虎，體長可達 3.5 米（包括尾長），重達 300 公斤，其皮膚厚實，漂亮威猛，曾瀕臨絕種，現估計野生東北虎約 500 隻，在中國僅存約 20 隻，仍屬瀕危物種。

東北棕熊體形健碩，肩背隆起，體長可達 2 米，重達 400 公斤；外形與西伯利亞棕熊相似，但毛色更黑、頭骨更長。

三江平原的牡丹江市一帶，是珍貴的丹頂鶴棲息地，丹頂鶴體態

東北虎

纖細優雅、頭頂紅色，身上顏色黑白分明，有吉祥、忠貞、長壽的寓意。近年有建議將丹頂鶴定為中國國鳥，而牡丹江市也是著名的「雪城」。

珍貴的丹頂鶴

東北棕熊

長白山

能介紹滿族在東北的歷史嗎

　　滿族原名女真，在 12 世紀時崛起，打敗宋朝，佔據了黃河流域並成立金朝，和退守南方的宋朝對峙，經百餘年被蒙古打敗，退回東北長白山和松花江一帶，先後臣服於元朝和明朝。500 年後女真再崛起，改名滿洲族，先統一了東北各地，再打敗明朝，建立清朝，並統一全中國，成為中國最後一個王朝。

　　滿族是森林民族，不是大草原的遊牧民族，但也善騎射，在建立清朝前已征服蒙古。建立清朝後又征服了西域新疆和青藏高原，在中國歷史上非常重要。辛亥革命後滿族逐漸漢化，並多用漢姓，今日約有 1,000 萬人，分散於全國各地，但已難於和漢族分辨了。

瀋陽故宮，是滿清入關前的皇宮。

小試佑閑
騎海桐磊
陣口芳廳
薰蔥宿閑
華英賴陰
怕代橋閑
况相中夢
珍绸佛彼
緩速佛彼
堡半不庄
怒強猜筒
目有擢街
因前筆三平
本昭畦

《乾隆皇帝射獵圖》

黑龍江森林

附錄一
行政區簡稱、歷史名稱及首府

行政區	簡稱	主要歷史名稱和習稱	首府
西藏自治區	藏	吐蕃	拉薩
青海省	青		西寧
甘肅省	甘、隴		蘭州
寧夏回族自治區	寧		銀川
陝西省	陝、秦		西安（古長安）
山西省	晉	河東	太原
河南省	豫		鄭州
山東省	魯	齊魯	濟南
河北省	冀	燕趙	石家莊
北京市	京	燕京、北平	
天津市	津	直沽	
內蒙古自治區	蒙	塞北、塞外、漠南	呼和浩特
新疆維吾爾自治區	新	西域	烏魯木齊
黑龍江省	黑		哈爾濱
吉林省	吉	東三省	長春
遼寧省	遼		瀋陽

附錄二
北方地區歌曲精選

地區	歌曲
青藏高原	《在那遙遠的地方》（民歌） 《四季歌》（民歌） 《花兒與少年》（民歌） 《青藏高原》（現代） 《天路》（現代）
黃河流域	《繡荷包》（民歌） 《黃河船夫曲》（民歌） 《黃河大合唱・黃河船夫曲》（現代） 《黃河大合唱・保衛黃河》（現代） 《黃土高坡》（現代） 《長城隨想》（現代）[二胡協奏曲]
大漠蒙古	《牧羊姑娘》（民歌） 《牧歌》（民歌）[蒙語版] 《雕花的馬鞍》（民歌）

地區	歌曲
大漠蒙古	《長城謠》（現代） 《呼倫貝爾大草原》（現代） 《父親的草原母親的河》（現代） 《賽馬》（現代）［二胡］
西域新疆	《青春舞曲》（民歌） 《沙里洪巴》（民歌） 《掀起你的蓋頭來》（民歌） 《我的花兒》（民歌） 《吐魯番的葡萄成熟了》（現代） 《可可托海的牧羊人》（現代）
東北大地	《烏蘇里船歌》（民歌） 《江河水》（現代）［二胡］ 《松花江上》（現代）